Productos Digitales en Etsy:

Cómo Hacer Dinero Vendiendo

tus Productos Digitales

Productos Digitales en Etsy:

Cómo Hacer Dinero Vendiendo

tus Productos Digitales

———

Jose Valladares

Contenido

Acerca del Autor:

Soy un autor multidisciplinario con una profunda curiosidad por el mundo. Con un título en física, química y matemáticas, he dedicado mi vida a explorar los misterios del universo y buscar comprender las leyes fundamentales que rigen nuestra existencia.

Sin embargo, mis intereses van mucho más allá del ámbito científico. También soy un músico consumado, habiendo lanzado nueve álbumes que muestran mi pasión por tocar el piano. Cuando no estoy escribiendo o tocando música, dedico tiempo a la oración, buscando orientación espiritual e inspiración de nuestro Señor Jesús.

Como autor prolífico, he publicado más de 48 libros que cubren una amplia gama de temas, desde libros de colorear, poesía, filosofía, música, ciencia y espiritualidad hasta crecimiento personal y transformación. Mi objetivo como escritor es difundir positividad y amor, y motivar a otros a vivir su mejor vida.

Actualmente resido en la dinámica ciudad de Los Ángeles, California, y estoy ansioso por conectarme con lectores como tú y embarcarnos juntos en un viaje de descubrimiento y crecimiento.

Prefacio:

¡Bienvenido al mundo de la venta de productos digitales en Etsy! Este libro es una guía completa que te enseñará todo lo que necesitas saber sobre cómo crear, listar y promocionar productos digitales en Etsy, así como cómo gestionar pedidos y escalar tu negocio.

En la era digital actual, la demanda de productos digitales ha aumentado rápidamente, y Etsy proporciona una excelente plataforma para que los vendedores ofrezcan sus creaciones únicas a una audiencia global. Ya seas un vendedor experimentado de Etsy o apenas estás comenzando, este libro te brindará conocimientos valiosos y estrategias para ayudarte a tener éxito en el competitivo mundo de las ventas en línea.

En este libro, cubriremos temas como la creación de una tienda en Etsy, la creación de productos digitales, la lista y promoción de productos, la gestión de pedidos y relaciones con clientes, y la escalabilidad y crecimiento de una tienda en Etsy. Cada capítulo está diseñado para brindar consejos prácticos y pasos accionables para ayudarte a alcanzar tus objetivos de venta.

Como vendedor de productos digitales en Etsy, tienes el potencial de ganar un ingreso significativo haciendo algo que amas. Con las herramientas y conocimientos adecuados, puedes convertir tu pasión en un negocio exitoso. Este libro te ayudará a hacer exactamente eso.

Espero que encuentres este libro informativo e inspirador, y te deseo todo lo mejor en tu viaje de venta en Etsy.

Introducción

Hacer Dinero Vendiendo Productos Digitales en Etsy

El surgimiento de la era digital ha creado nuevas oportunidades para que los emprendedores creativos ganen dinero vendiendo productos digitales, y Etsy es una de las plataformas más populares para hacerlo. Vender artículos digitales en Etsy puede ser una excelente manera de ganar ingresos adicionales o iniciar un negocio a tiempo completo, y ofrece una serie de beneficios sobre los métodos de venta tradicionales. Con bajos costos generales, una gran base de clientes comprometidos y la capacidad de vender productos en todo el mundo, Etsy puede proporcionar una oportunidad lucrativa y gratificante para aquellos dispuestos a invertir el esfuerzo. Este libro proporcionará a los lectores una guía integral para ganar dinero vendiendo artículos digitales en Etsy, desde comenzar en la plataforma hasta escalar y hacer crecer sus negocios.

Beneficios de Vender Productos Digitales en Etsy

La venta de productos digitales en Etsy se ha convertido en una forma cada vez más popular para que los emprendedores creativos ganen dinero en línea. Hay numerosos beneficios para vender productos digitales en Etsy, lo que lo convierte en una opción atractiva para aquellos que buscan iniciar o hacer crecer su negocio en línea.

Uno de los principales beneficios de vender productos digitales en Etsy son los bajos costos generales. A diferencia de los productos físicos, no es necesario tener inventario, almacenamiento ni envío, lo que significa que los vendedores pueden operar su negocio con costos mínimos. Esto es una gran ventaja para aquellos que recién comienzan, ya que les permite centrarse en crear productos digitales de alta calidad sin preocuparse por los costos de administrar un negocio tradicional.

Otro beneficio significativo de vender productos digitales en Etsy es el acceso a una gran base de clientes. Con más de 80 millones de compradores en todo el mundo, Etsy brinda a los vendedores acceso a una base de clientes grande y comprometida, lo que puede ayudar a impulsar las ventas y hacer crecer su negocio. Esto es particularmente beneficioso para aquellos que recién comienzan y buscan obtener exposición para sus productos.

Vender productos digitales en Etsy también ofrece la flexibilidad de vender productos en todo el mundo. Con entrega instantánea, los productos digitales se pueden vender y entregar a clientes de todo el mundo, lo que permite a los vendedores operar a escala global. Esto puede ser una gran ventaja para aquellos que buscan expandir su negocio más allá de su mercado local.

Crear y personalizar productos digitales a menudo es más fácil y menos tiempo consumidor que producir productos físicos, lo que es otra ventaja de vender productos digitales en Etsy. Esto puede ser particularmente beneficioso para aquellos con tiempo o recursos limitados, ya que les permite centrarse en crear productos de alta calidad sin la carga adicional de la producción física.

Vender productos digitales en Etsy también tiene el potencial de generar ingresos pasivos. Una vez que se crea un producto digital, se puede vender repetidamente sin necesidad de trabajo o producción adicional. Esto brinda a los vendedores el potencial de ingresos pasivos, lo que puede ayudarles a generar ingresos incluso cuando no están trabajando activamente en su negocio.

Finalmente, vender productos digitales en Etsy también es respetuoso con el medio ambiente. No hay necesidad de empaquetar, enviar o producir físicamente, lo que lo convierte en una opción más sostenible en comparación con la venta de productos físicos.

La venta de productos digitales en Etsy presenta una multitud de ventajas, como la reducción de los gastos generales, la capacidad de acceder a una amplia y comprometida base de clientes, la flexibilidad para vender en todo el mundo, la personalización sin complicaciones, la oportunidad de generar ingresos pasivos y la ecología. Esto representa una opción atractiva para las personas que buscan establecer o mejorar su negocio en línea y puede ser una actividad enriquecedora y rentable para los emprendedores innovadores que buscan generar ingresos a través de canales digitales.

Qué Aprenderá del Libro

Vender artículos digitales en Etsy se ha convertido en una forma popular de convertir tus pasiones creativas en un negocio rentable. Hay muchas ventajas de vender artículos digitales en Etsy que lo convierten en una opción viable para personas que buscan obtener ingresos adicionales o convertir su pasatiempo en una carrera a tiempo completo.

Este libro guiará a los lectores a través del proceso de crear y vender artículos digitales en Etsy. Cubre todo, desde la creación de una tienda en Etsy hasta la creación y promoción de artículos digitales, la gestión de pedidos y la construcción de relaciones con los clientes. Los lectores pueden esperar aprender cómo crear listados de productos efectivos, optimizar los títulos, descripciones y etiquetas de sus productos, y promocionar sus productos a través de redes sociales y otros canales.

1
Empezando en Etsy

Los Fundamentos de la Configuración de una Tienda en Etsy

Configurar una tienda en Etsy es un proceso relativamente sencillo, incluso para aquellos que no tienen experiencia en ventas en línea. Hay algunos pasos básicos que se deben seguir para comenzar.

Para registrarse en una cuenta de Etsy, comience abriendo su navegador web e ingrese a www.etsy.com. A continuación, haga clic en "Iniciar sesión" en la esquina superior derecha de la página de inicio para ir a la página de inicio de sesión, y/o haga clic en "Registrarse" en la página de inicio de sesión para ir a la página de registro. En la página de registro, ingrese su dirección de correo electrónico en el campo "Correo electrónico" y luego cree una contraseña fuerte y segura en el campo "Contraseña". Una vez que haya ingresado su dirección de correo electrónico y contraseña, haga clic en "Registrarse" para crear su cuenta. Después de registrarse, recibirá un correo electrónico de Etsy con un enlace para verificar su dirección de correo electrónico. Haga clic en el enlace del correo electrónico para completar el proceso de verificación. Una vez que se verifique su dirección de correo electrónico, puede configurar su cuenta de Etsy agregando su imagen de perfil y nombre de tienda, y completando su información personal y de tienda. El siguiente paso es crear una tienda.

Crear una Tienda en Etsy

Crea una Cuenta en Etsy:

Para crear una tienda en Etsy, primero necesitas crear una cuenta en Etsy (ver arriba). Ve al sitio web de Etsy (www.etsy.com) y haz clic en el botón "Vender en Etsy". Luego, haz clic en el botón "Abrir tu tienda en Etsy" y sigue las instrucciones para crear una cuenta.

Configura tu Tienda:

Una vez que hayas creado tu cuenta en Etsy, puedes configurar tu tienda. Haz clic en el botón "Abrir tu tienda en Etsy" y sigue las instrucciones para establecer el nombre de tu tienda, banner y foto de perfil.

Añade tus Productos:

Después de configurar tu tienda, puedes empezar a añadir tus productos. Haz clic en la pestaña "Productos" y luego en el botón "Añadir un producto". Sigue las instrucciones para agregar los detalles del artículo, precios y fotos.

Configura tus opciones de Pago:

Para recibir pagos por tus ventas, necesitas configurar tus opciones de pago. Ve a la pestaña "Gestor de Tienda" y haz clic en la pestaña "Finanzas". Sigue las instrucciones para establecer tus opciones de pago, como PayPal o Etsy Pagos.

Consejo Efectivo:

Hay muchas ideas posibles para vender productos digitales en una tienda Etsy: arte imprimible, planificadores, archivos SVG, fotos de stock, patrones digitales, libros electrónicos, imprimibles, etc. El próximo capítulo profundizará en el tema de cómo elegir qué vender en tu tienda Etsy.

Configuración del Perfil de Tienda

El perfil de la tienda es donde los vendedores pueden presentar su marca y mostrar sus productos. Esto incluye agregar un nombre de tienda, crear un logotipo o banner y escribir una breve descripción de la tienda. Es importante crear una identidad de marca sólida que atraiga a posibles clientes y haga que la tienda se destaque entre los competidores.

Después de crear un perfil de tienda, el siguiente paso es crear listados de productos. Esto implica tomar fotos de alta calidad de los productos y crear descripciones de productos precisas y atractivas. Es importante asegurarse de que los listados de productos estén optimizados para los motores de búsqueda utilizando palabras clave relevantes en los títulos de productos, descripciones y etiquetas.

Una vez que los listados de productos están configurados, el siguiente paso es configurar las opciones de pago y envío. Etsy ofrece varias opciones de pago, incluidas tarjetas de crédito, PayPal y tarjetas de regalo de Etsy. Los vendedores también pueden configurar sus propias políticas y tarifas de envío, incluida la oferta de envío gratuito para ciertos productos o valores mínimos de pedido.

Finalmente, los vendedores deben promocionar su tienda de Etsy para atraer a posibles clientes. Esto implica utilizar plataformas de redes sociales, participar en foros y unirse a grupos relevantes para aumentar la visibilidad de la tienda y sus productos. Además, es importante proporcionar un excelente servicio al cliente para construir relaciones sólidas con los clientes y fomentar comentarios positivos y negocios repetidos.

Configurar una tienda de Etsy implica crear una identidad de marca sólida, configurar listados de productos, configurar opciones de pago y envío y promocionar la tienda a través de varios canales. Con estos pasos básicos en mente, cualquier persona puede crear una tienda exitosa de Etsy y comenzar a vender sus artículos digitales en línea.

Consejos para Crear un Perfil de Tienda Sólido e Identidad de Marca

¿Estás cansado de las tiendas aburridas y genéricas de Etsy que parecen todas iguales? ¿Quieres crear una tienda que destaque y deje una impresión duradera en los clientes? ¡No temas, amigo mío, porque tengo los consejos justos para ayudarte a crear un perfil de tienda e identidad de marca que sea tan única y memorable como tú!

En primer lugar, elige un nombre de tienda que deje una impresión duradera en tus clientes. No te conformes con nada menos que un nombre que sea llamativo y fácil de recordar. Puntos extra si es un juego de palabras o un juego de palabras que capture perfectamente la esencia de tu marca.

Luego, crea un logotipo que refleje la personalidad de tu marca. No tengas miedo de ser creativo e inyectar algo de humor en el diseño de tu logotipo. Después de todo, una buena risa siempre es una excelente manera de dejar una impresión duradera.

Cuando se trata de escribir la descripción de tu tienda, ¡no seas aburrido! Hazlo divertido, peculiar y muestra tu estilo único. Usa muchos adjetivos descriptivos para ayudar a pintar una imagen de lo que es tu tienda. Y recuerda, el humor siempre es una excelente manera de ganar a posibles clientes.

Ahora, hablemos de las fotos de tus productos. Olvídate de las fotos de productos aburridas y sin vida que parecen haber sido tomadas en un laboratorio estéril. Usa accesorios y fondos interesantes para dar vida a tus productos. ¡Y si puedes incorporar un poco de humor en tus fotos de productos, mucho mejor!

La marca consistente también es clave para dejar una impresión duradera en los clientes. Asegúrate de que tu marca sea consistente en todas tus plataformas, incluyendo tu tienda de Etsy, sitio web y cuentas de redes sociales. Y no tengas miedo de infundir tu personalidad y humor en todo lo que haces.

Además, la clave para ganar a los clientes es brindar un servicio al cliente personalizado. Haz todo lo posible para garantizar la satisfacción del cliente y no tengas miedo de agregar un poco de humor para hacer sonreír a tus clientes.

Crear un perfil de tienda e identidad de marca que sea tan

única y memorable como tú no tiene por qué ser aburrido. Al inyectar un poco de humor y personalidad en todo lo que haces, puedes crear una tienda que se destaque de la multitud y deje una impresión duradera en tus clientes.

Explica cómo investigar e identificar nichos potenciales para productos digitales.

Encuentra el Nicho Perfecto para tus Productos Digitales

¿Estás luchando por encontrar el nicho perfecto para tus productos digitales en Etsy? No te preocupes, porque con algunos consejos y trucos, puedes descubrir el nicho perfecto para ti.

En primer lugar, investiga las últimas tendencias y temas populares dentro de tu área de interés. Puedes buscar en las redes sociales, los mercados en línea y otros sitios web para ver lo que la gente está buscando y hablando. Esto te dará una buena idea de qué productos están en demanda.

Por ejemplo, si estás interesado en crear productos digitales para la industria de bodas, podrías investigar los temas populares de bodas, colores y estilos en plataformas de redes sociales como Pinterest e Instagram. Al ver las últimas tendencias en decoración de bodas, moda y fotografía, puedes identificar nichos potenciales para productos digitales como invitaciones de bodas, recordatorios de fecha, números de mesa y tarjetas de agradecimiento. También puedes analizar las palabras clave y hashtags populares asociados con estas tendencias y usarlos para optimizar tus listados de productos para una mejor visibilidad en los resultados de búsqueda.

Otra gran manera de identificar un nicho es buscar lagunas en el mercado donde haya una necesidad pero no haya suficiente oferta. Esta es una excelente oportunidad para que crees productos digitales que satisfagan una necesidad específica. Hay varias herramientas disponibles para realizar investigación de mercado e identificar lagunas en el mercado para tus productos digitales. Una de las herramientas gratuitas más populares es Google Trends, que muestra la popularidad de los términos de búsqueda a lo largo del tiempo. Además, las herramientas de investigación de palabras clave como Google Keyword Planner o SEMrush pueden ayudarte a identificar términos de búsqueda populares relacionados con tu nicho, mientras que las encuestas en línea pueden proporcionar comentarios valiosos de los posibles clientes. Las herramientas de escucha en las redes sociales como Hootsuite o Brandwatch pueden ayudarte a monitorear las conversaciones en las redes sociales e identificar tendencias emergentes y temas populares en tu nicho. Al utilizar estas herramientas, puedes recopilar información valiosa y crear productos digitales que satisfagan las necesidades de tu público objetivo y se destaquen de la competencia.

También es esencial verificar a tu competencia. Investiga lo que otros vendedores ofrecen dentro de tu nicho, sus opiniones de los clientes, estrategias de precios y listados de productos. Esto te ayudará a comprender qué funciona y qué no en tu nicho y cómo puedes crear productos digitales únicos que se destaquen.

Además de investigar a tu competencia, también puedes utilizar herramientas de investigación de palabras clave para identificar términos de búsqueda populares relacionados con tu nicho. Esto te ayudará a optimizar tus listados de productos y mejorar tu visibilidad en los resultados de búsqueda.

Sin embargo, el aspecto más crucial para identificar posibles nichos para productos digitales es comprender a tu público objetivo. Piensa en su demografía, intereses y necesidades, y crea productos que les resulten atractivos. Esto te ayudará a construir una base de clientes leales y aumentar tus ventas. Por ejemplo, si estás interesado en crear productos digitales para la industria de viajes, piensa en las necesidades e intereses específicos de tu público objetivo. Si tu público objetivo son familias con niños pequeños, podrías considerar la creación de productos digitales como juegos de viaje imprimibles, listas de verificación de equipaje o itinerarios de viaje familiares. Al comprender las necesidades e intereses de tu público objetivo y crear productos que se adapten a ellos, puedes construir una base de clientes leales y aumentar tus ventas.

Por último, no te olvides de utilizar tus propias habilidades y experiencia para crear productos digitales que reflejen tu personalidad única y se destaquen de la competencia.

Encontrar el nicho perfecto para tus productos digitales requiere una combinación de creatividad, investigación de mercado y comprensión de tu público objetivo. Siguiendo estos consejos, puedes crear productos digitales que sean únicos, demandados y atractivos para una base de clientes leales. Así que adelante y comienza a crear tu próximo gran éxito! No te preocupes, cubrimos esto con más detalle.

2
Creación de Productos Digitales

Diferentes tipos de Productos Digitales que se Pueden Vender en Etsy

Etsy es un mercado en línea donde las personas pueden vender artículos hechos a mano o vintage, así como suministros para manualidades y productos digitales. Los productos digitales se han vuelto cada vez más populares en Etsy en los últimos años debido a sus bajos costos generales y facilidad de distribución.

Estos son algunos de los diferentes tipos de productos digitales que se pueden vender en Etsy:

Arte Imprimible en freepik.com

Arte Imprimible:

El arte imprimible es un producto digital popular en Etsy. Incluye impresiones de arte, carteles y decoración de pared que los clientes pueden descargar e imprimir en casa o en una tienda de impresión local. Vender arte imprimible en Etsy se ha convertido en una forma popular para que artistas y diseñadores compartan su trabajo con una audiencia global. Ofrece a los clientes la conveniencia de poder descargar e imprimir obras de arte de alta calidad desde la comodidad de su hogar, mientras que también proporciona a los artistas una forma asequible y de bajo riesgo de vender su trabajo.

Aquí hay un análisis más detallado del proceso de venta de arte imprimible en Etsy:

El primer paso para vender arte imprimible en Etsy es crear su obra de arte digital. Puede utilizar software como Adobe Illustrator, Photoshop o Procreate para crear su obra de arte en un formato digital de alta calidad, como PDF o JPG. Es importante asegurarse de que su archivo sea de alta resolución y adecuado para la impresión. Para que su listado sea más visible para los clientes, es importante agregar palabras clave y etiquetas relevantes. Esto ayudará a que su listado aparezca en los resultados de búsqueda en Etsy. Además, puede ofrecer su arte imprimible en diferentes tamaños y formatos de archivo para adaptarse a las diferentes necesidades de los clientes.

Vender arte imprimible en Etsy ofrece numerosos beneficios para los artistas y los clientes por igual. Los artistas pueden ganar ingresos pasivos de su trabajo y llegar a una audiencia global, mientras que los clientes pueden disfrutar de un acceso asequible y conveniente a obras de arte de alta calidad. Siguiendo estos pasos y utilizando su creatividad para crear arte imprimible único y hermoso, puede construir un negocio exitoso en Etsy y compartir sus talentos con el mundo.

Freepik.com

Freepik.com es un sitio web que ofrece una amplia gama de recursos gráficos, incluyendo arte imprimible, gráficos vectoriales y fotos de stock, entre otros. El sitio web permite a los usuarios descargar y utilizar sus recursos de forma gratuita o con una suscripción premium, dependiendo del tipo de licencia disponible para cada elemento.

Si deseas utilizar arte imprimible de Freepik.com, es importante verificar la licencia y los términos de uso de cada elemento antes de descargarlo y utilizarlo. Algunos elementos pueden tener restricciones sobre cómo se pueden utilizar o requerir atribución al autor.

Pixabay.com

Pixabay.com es un sitio web que ofrece una colección diversa de imágenes, ilustraciones y gráficos vectoriales, entre otros recursos, que se pueden descargar y utilizar de forma gratuita. Si deseas utilizar arte imprimible de Pixabay.com, generalmente puedes descargar y utilizar los recursos sin problemas, siempre y cuando cumplas con los términos de uso. Sin embargo, es importante tener en cuenta que algunas imágenes pueden requerir atribución al autor o tener ciertas restricciones sobre cómo se pueden utilizar.

Antes de descargar y utilizar cualquier arte imprimible de Pixabay.com, se recomienda que revises la licencia y los términos de uso específicos de cada elemento para asegurarte de que lo estás utilizando de manera adecuada. Si no estás seguro de los requisitos de licencia para una imagen en particular o tienes alguna pregunta sobre el uso, es posible que desees comunicarte con el autor para aclarar.

En general, si utilizas el arte imprimible para fines personales o no comerciales, y cumples con los términos de uso, deberías poder descargar y utilizar los recursos sin problemas. Sin embargo, si planeas utilizar el arte imprimible para fines comerciales o de una manera que no está explícitamente permitida por la licencia, es posible que debas comprar una suscripción premium u obtener permiso del autor. Es importante asegurarte de que respetas los derechos de los creadores y utilizas los recursos de una manera que se alinee con los estándares éticos y legales.

Imagen de pixabay.ccom

Planificadores y Organizadores Digitales:

Los planificadores y organizadores digitales son otro producto digital popular en Etsy. Estos incluyen calendarios imprimibles, listas de tareas y otras herramientas de organización que los clientes pueden descargar y usar en sus dispositivos. La venta de planificadores y organizadores digitales en Etsy se ha vuelto cada vez más popular, ya que cada vez más personas buscan herramientas digitales para ayudar a organizar sus vidas. Los planificadores y organizadores digitales ofrecen una variedad de beneficios, incluyendo conveniencia, accesibilidad y personalización.

Aquí hay un vistazo más cercano al proceso de creación y venta de planificadores y organizadores digitales en Etsy:

El primer paso para crear un planificador u organizador digital es elegir un software o herramienta. Hay varias opciones disponibles, como Adobe Acrobat, Microsoft Word y Google Docs. Una vez que haya elegido un software, puede determinar la estructura y organización de su planificador. Esto puede incluir calendarios mensuales, horarios semanales, listas de tareas y más. A continuación, puede crear una plantilla para su planificador u organizador digital, asegurándose de incluir campos editables para que los clientes puedan personalizar el planificador según sus necesidades. Luego, puede diseñar el diseño de su planificador u organizador, seleccionando colores, fuentes y gráficos que sean visualmente atractivos y fáciles de usar. Probar y perfeccionar su planificador u organizador digital es un paso importante para garantizar que funcione correctamente y sea fácil de usar. Una vez que su planificador u organizador está completo, puede ofrecerlo en varios formatos, como PDF, PNG y JPEG, para adaptarse a las diferentes preferencias de los clientes.

Libros Electrónicos y Guías:

Los libros electrónicos y las guías son productos digitales que proporcionan información sobre un tema específico. Ejemplos incluyen libros de cocina, guías de viaje y guías prácticas. Vender libros electrónicos y guías en Etsy es una excelente manera de compartir conocimientos y experiencia con clientes de todo el mundo. Acceder a estos productos digitales es un proceso simple para los clientes, quienes reciben un enlace de descarga después de comprar el producto.

Aquí hay algunas ideas para crear y vender libros electrónicos y guías en Etsy:

Los libros de cocina son un producto digital popular en Etsy, que proporcionan a los clientes acceso a recetas únicas y creativas. La creación de un libro de cocina implica compilar tus recetas favoritas, incluyendo fotos y descripciones, y formatearlos en un documento PDF. También puedes crear libros de cocina temáticos, como opciones veganas o sin gluten, para atender a una audiencia específica.

Las guías de viaje ofrecen a los clientes información sobre destinos, incluyendo atracciones locales, restaurantes y alojamientos. Para crear una guía de viaje, investiga y compila información sobre una ubicación específica, y formatéala en un documento PDF. Incluir fotos y mapas puede mejorar la guía y hacerla más atractiva para los clientes.

Las guías de "cómo hacer" proporcionan instrucciones paso a paso sobre un tema específico, como jardinería o proyectos de bricolaje. Para crear una guía de "cómo hacer", investiga y compila información, incluyendo fotos y diagramas, y formateala en un documento PDF. Ofrecer tutoriales en video como producto complementario también puede ser una adición valiosa a la guía.

Otra opción para crear y vender libros electrónicos en Etsy es ofrecer libros de dominio público. Los libros de dominio público son libros cuyos derechos de autor han caducado, lo que los hace disponibles para el uso del público. Estos libros pueden incluir clásicos como las obras de Shakespeare o novelas de Jane Austen.

Para ofrecer libros de dominio público en Etsy, puedes descargar los archivos digitales y formatearlos en un libro electrónico. También puedes agregar tus propios toques al libro electrónico, como portadas o introducciones personalizadas. Al ofrecer libros de dominio público, puedes proporcionar a los clientes acceso a la literatura clásica en formato digital.

Una vez que hayas creado tu libro electrónico o guía, puedes cargarlo en Etsy y crear una lista para él. Una descripción detallada del producto, sus características y su uso previsto es esencial. Ofrecer diferentes versiones del libro electrónico o guía, como un paquete de varias guías o una versión más detallada, también puede ser un gran punto de venta.

Imagen de openclipart.org

Clip art y Sellos Digitales:

Clip art y sellos digitales son elementos gráficos que los clientes pueden descargar y utilizar en sus propios proyectos creativos, como scrapbooking, creación de tarjetas o diseño gráfico. El clip art es una colección de elementos gráficos que los clientes pueden utilizar para mejorar sus proyectos creativos, como ilustraciones, iconos y patrones. Para crear clip art, puedes dibujar o diseñar tus propios gráficos, o utilizar gráficos libres de derechos de otras fuentes. Una vez que tengas tu colección de gráficos, puedes formatearlos en un archivo PNG o SVG y subirlos a Etsy. Los sellos digitales son elementos gráficos en blanco y negro que los clientes pueden utilizar en sus propios proyectos de manualidades, como páginas para colorear, creación de tarjetas y scrapbooking. Para crear sellos digitales, puedes dibujar o diseñar tus propios gráficos, o utilizar gráficos libres de derechos de otras fuentes. Una vez que tengas tu colección de gráficos, puedes formatearlos en un archivo PNG o SVG y subirlos a Etsy. Al vender clip art y sellos digitales, es importante proporcionar a los clientes pautas claras de uso y restricciones, como si se pueden utilizar con fines comerciales. También puedes ofrecer diferentes versiones del producto, como un paquete de varios conjuntos de clip art o un conjunto de sellos digitales en diferentes temas.

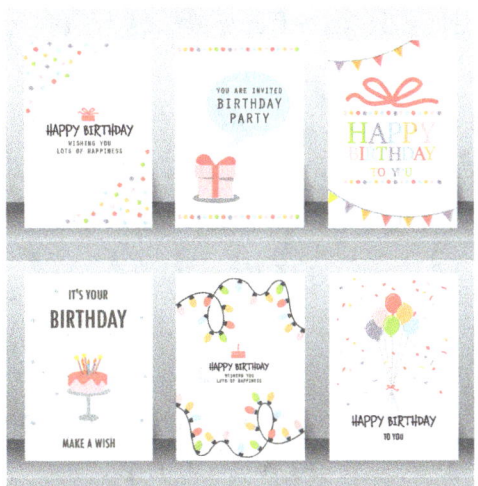

Imagen de depositphotos.com

Plantillas de Diseño Web:

Las plantillas de diseño web son plantillas pre-diseñadas que los clientes pueden comprar y utilizar para crear sus propios sitios web. Las plantillas de diseño web son un producto digital popular en Etsy que ofrece a los clientes plantillas pre-diseñadas que pueden utilizar para crear su propio sitio web.

Aquí te explicamos cómo puedes crear y vender plantillas de diseño web en Etsy:

Para crear una plantilla de diseño web, puedes utilizar un constructor de sitios web o un software de diseño gráfico para crear una maqueta del sitio web. Una vez que tengas el diseño listo, puedes exportarlo como un archivo PSD o HTML, o utilizar tipos de archivo específicos del constructor de sitios web como las plantillas de Wix o Squarespace. Al vender plantillas de diseño web, es importante proporcionar instrucciones claras sobre cómo utilizar la plantilla y personalizarla para las necesidades del cliente. También puedes ofrecer diferentes versiones de la plantilla, como una versión para sitios web de comercio electrónico o una versión para blogs.

Para atraer clientes, puedes mostrar tus plantillas de diseño web con imágenes de alta calidad y proporcionar una vista previa de las diferentes páginas que se incluyen. También puedes ofrecer servicios de personalización como un complemento a la compra, donde los clientes pueden hacerte personalizar la plantilla para ellos.

Invitaciones y Papelería Digital:

Las invitaciones y la papelería digital son otro producto digital popular en Etsy. Estos incluyen productos como invitaciones de boda, invitaciones de cumpleaños y tarjetas de agradecimiento que los clientes pueden descargar e imprimir en casa o en una tienda de impresión local.

Así es como puedes crear y vender invitaciones y papelería digital en Etsy:

Para crear invitaciones y papelería digital, puedes usar software de diseño gráfico como Adobe Illustrator o Canva para diseñar tu producto. Una vez que tu diseño esté completo, puedes guardarlo como un archivo PDF de alta resolución que los clientes pueden descargar e imprimir. Una forma de simplificar el proceso de producción es mediante el uso de servicios de impresión bajo demanda como Printify o Printful. Estos servicios manejan la impresión y el envío de productos físicos como tarjetas e invitaciones, y se pueden integrar con tu tienda Etsy para cumplir automáticamente los pedidos.

Cuando vendas invitaciones y papelería digital en Etsy, asegúrate de proporcionar instrucciones claras sobre cómo descargar e imprimir el producto. También puedes ofrecer servicios de personalización donde los clientes pueden agregar sus nombres y otros detalles al diseño. Para comercializar tus invitaciones y papelería digital, utiliza imágenes de alta calidad que muestren tu producto y ofrece una variedad de diseños para atraer a diferentes clientes.

Archivos SVG:

Los archivos SVG son diseños digitales que se pueden utilizar con máquinas de corte, como Cricut o Silhouette, para crear proyectos personalizados como calcomanías de vinilo, camisetas y más.

Aquí te mostramos cómo crear y vender archivos SVG en Etsy:

Para crear un archivo SVG, puedes usar software de diseño gráfico como Adobe Illustrator o Inkscape para crear un diseño vectorial. Los diseños vectoriales están compuestos por ecuaciones matemáticas y se pueden escalar a cualquier tamaño sin perder calidad. Una vez que tu diseño esté completo, puedes guardarlo como un archivo SVG. Al vender archivos SVG en Etsy, asegúrate de proporcionar instrucciones claras sobre cómo descargar y usar el archivo. También puedes ofrecer diferentes formatos de archivo, como PNG o JPG, para clientes que pueden no tener una máquina de corte pero aún quieren usar el diseño. Para comercializar tus archivos SVG, utiliza imágenes de alta calidad que muestren tu producto y ofrece una variedad de diseños para atraer a diferentes clientes. También puedes ofrecer servicios de personalización donde los clientes pueden solicitar diseños personalizados por una tarifa adicional.

Es importante tener en cuenta que al crear archivos SVG, solo debes usar diseños originales o diseños que tengas la licencia o el permiso adecuados para usar. El uso de material con derechos de autor sin permiso puede resultar en acciones legales y dañar tu reputación.

Fotografías de Stock:

Las fotografías de stock son un producto digital popular que proporciona a individuos y empresas una vasta colección de imágenes de alta calidad para sus sitios web, redes sociales y materiales de marketing. Con el aumento del marketing digital y los negocios en línea, la demanda de fotografías de stock ha aumentado significativamente.

Discutiremos cómo acceder a las fotografías de stock y la importancia de tener la licencia adecuada para su uso previsto.

Una de las formas más sencillas de acceder a fotos de archivo es mediante el uso de sitios web de fotos de archivo en línea. Hay muchos sitios web de fotos de archivo disponibles, como Shutterstock, Getty Images e iStock. Estos sitios web ofrecen diferentes planes de precios según sus necesidades de uso y presupuesto. Tienen una vasta colección de imágenes, que van desde abstractas hasta temas específicos como viajes, comida y estilo de vida. Puede buscar y filtrar fácilmente imágenes por palabras clave, color y orientación para encontrar la imagen perfecta para su proyecto. Otra opción para acceder a fotos de archivo es buscar sitios web de fotos de archivo gratuitas. Muchos sitios web ofrecen fotos de archivo gratuitas que se pueden utilizar para proyectos personales o comerciales. Algunos populares incluyen Pexels, Unsplash y Pixabay. Estos sitios web tienen una gran colección de imágenes gratuitas que se pueden descargar y utilizar sin necesidad de atribución.

Crear tus propias fotos de archivo también es una gran opción si tienes una cámara y un buen ojo para la fotografía. Puedes crear tus propias fotos de archivo únicas y personalizadas para vender en plataformas como Etsy o Shutterstock. Esta es una excelente manera de mostrar tus habilidades fotográficas y ganar dinero al mismo tiempo. Al usar fotos de archivo, es fundamental asegurarse de tener la licencia adecuada para su uso previsto. La mayoría de los sitios web de fotos de archivo ofrecen diferentes licencias según el uso de la imagen, como uso comercial o editorial. Es esencial leer cuidadosamente el acuerdo de licencia antes de comprar o descargar cualquier foto de archivo. El uso de imágenes sin la licencia adecuada puede conducir a problemas legales y posibles multas.

Ajustes Preestablecidos de Photoshop y Lightroom:

Presets de Photoshop y Lightroom son productos digitales populares en Etsy que ofrecen a los clientes una forma fácil y eficiente de mejorar sus fotografías. Con solo un clic, los clientes pueden aplicar un aspecto o estilo específico a sus imágenes, ahorrando tiempo y esfuerzo en el proceso de edición.

Para acceder a estos presets, los clientes pueden buscar a través de las secciones de presets de Photoshop y Lightroom en Etsy y comprar el producto deseado. Una vez comprado, el archivo del preset estará disponible para descargar y los clientes pueden instalarlo fácilmente en su software de Photoshop o Lightroom. Crear y vender presets en Etsy puede ser una excelente manera para que los fotógrafos monetizen sus habilidades y conocimientos. Para crear un preset, los fotógrafos pueden empezar editando una foto y luego guardar los ajustes como un archivo de preset. Luego pueden cargar el archivo en Etsy y crear una lista que incluya imágenes de muestra editadas con el preset y una descripción detallada de sus características y uso previsto.

Además, los fotógrafos pueden ofrecer diferentes versiones de sus presets, como un paquete de múltiples presets o una versión premium que incluya ajustes y características adicionales. Al comercializar sus presets de manera efectiva y proporcionar un excelente servicio al cliente, los fotógrafos pueden construir una base de clientes leales y generar un flujo constante de ingresos de sus productos digitales.

Diseños de Bordado Digital:

Acceder a diseños de bordado digital en Etsy es un proceso sencillo. Los clientes pueden navegar a través de una variedad de diseños, incluyendo temas estacionales, animales lindos, citas inspiradoras y más. Una vez que un cliente ha comprado un diseño de bordado digital, recibirá un enlace de descarga para acceder al archivo.

Para utilizar el diseño de bordado digital, los clientes necesitarán una máquina de bordado y el software adecuado. El diseño puede cargarse en la máquina de bordado y la máquina bordará el diseño en la tela elegida. Esto proporciona a los clientes un toque único y personalizado a sus creaciones.

Los vendedores pueden crear diseños de bordado digital utilizando software de bordado especializado, como Embird o Hatch. También pueden utilizar software de diseño gráfico, como Adobe Illustrator, para crear un diseño que luego se puede convertir en un formato de archivo de bordado, como .pes o .dst. Los vendedores pueden ofrecer una variedad de opciones de diseño para satisfacer diferentes preferencias y necesidades. Además de los diseños de bordado, los vendedores también pueden ofrecer servicios de digitalización de bordado, donde convierten el diseño o logotipo del cliente en un formato de archivo de bordado. Esto permite a los clientes agregar un toque personal a sus proyectos y promueve una sensación de individualidad y creatividad.

Plantillas de Redes Sociales:

Las plantillas de redes sociales son gráficos pre-diseñados que los clientes pueden descargar y usar para crear publicaciones llamativas en sus cuentas de redes sociales. Para acceder a las plantillas de redes sociales en Etsy, los clientes simplemente pueden buscar "plantillas de redes sociales" en la barra de búsqueda y navegar por las opciones disponibles. Alternativamente, pueden buscar plantillas específicas para su plataforma de redes sociales preferida, como Instagram o Facebook. Estas plantillas a menudo incluyen gráficos, fuentes y diseños pre-diseñados que los clientes pueden personalizar con su propio contenido y marca.

Para crear plantillas de redes sociales para vender en Etsy, se puede utilizar software de diseño como Adobe Photoshop o Canva para crear gráficos y diseños llamativos. Luego, se pueden exportar los diseños como archivos digitales, como PNG o JPEG, y cargarlos en Etsy para crear una lista. Asegúrese de incluir una descripción detallada de las plantillas, incluyendo las dimensiones, los elementos incluidos y el uso previsto. También se pueden ofrecer diferentes paquetes de plantillas, como paquetes o conjuntos temáticos, para atraer a una gama más amplia de clientes.

Música y Efectos de Sonido:

La música y los efectos de sonido son componentes esenciales de varias producciones de medios digitales, como videos, podcasts y juegos. Se pueden comprar productos digitales como música y efectos de sonido libres de regalías en plataformas como Etsy. Los creadores pueden buscar entre una variedad de opciones para encontrar el sonido o la música perfecta para su proyecto. Alternativamente, los creadores también pueden crear y vender su propia música y efectos de sonido como productos digitales en Etsy, lo que les proporciona una fuente adicional de ingresos. Con el aumento del consumo de medios digitales, hay una creciente demanda de música y efectos de sonido de alta calidad, lo que lo convierte en un mercado lucrativo para creadores y músicos por igual.

Estos son solo algunos ejemplos de los tipos de productos digitales que se pueden vender en Etsy. Las posibilidades son infinitas, y los vendedores pueden ser creativos con sus ofertas para satisfacer las necesidades e intereses de su público objetivo. Aquí hay algunas otras ideas de tiendas de Etsy que poseo: Pegatinas, Cartas de amor, Poesía, Escudos de armas, Banderas internacionales, Marcos digitales de inteligencia artificial, etc.

Cómo crear Productos Digitales de alta Calidad

Cómo crear productos digitales de alta calidad utilizando herramientas y software comunes:

Crear productos digitales de alta calidad es esencial para tener éxito en la venta en Etsy. Con un poco de creatividad y las herramientas adecuadas, cualquiera puede crear impresionantes productos digitales para vender en esta plataforma popular. Hablaremos sobre cómo crear productos digitales de alta calidad utilizando herramientas y software comunes.

En primer lugar, para el arte y diseño digital, Adobe Photoshop e Illustrator son los programas de software más comúnmente utilizados. Estas herramientas son esenciales para crear gráficos, ilustraciones y otros trabajos de arte digital de calidad profesional. Con Photoshop, puede editar fotos y crear diseños impresionantes, mientras que Illustrator es ideal para crear gráficos vectoriales.

A continuación, para crear productos digitales como libros electrónicos, planificadores y guías, Microsoft Word y Google Docs son herramientas excelentes para utilizar. Estos programas le permiten formatear su contenido y agregar imágenes y otros medios para crear un producto atractivo y atractivo.

Para crear diseños de bordado digital, se requiere software de bordado como Embird o Hatch. Estos programas de software le permiten crear y editar diseños de bordado en una variedad de formatos, lo que los hace compatibles con una amplia gama de máquinas de bordado. Otra herramienta importante para crear productos digitales es una cámara de alta calidad para fotografía. Esto es especialmente importante para crear arte imprimible y fotos de stock. Una cámara con alta resolución ayudará a asegurarse de que sus imágenes sean claras y nítidas, lo que las hace más atractivas para los clientes.

Además de estas herramientas y software, también es esencial tener una buena comprensión de los principios de diseño y las mejores prácticas. Esto incluye comprender la teoría del color, la tipografía y el diseño de diseño de diseño. También es importante mantenerse actualizado con las tendencias y técnicas actuales de diseño para crear productos digitales que sean atractivos y comercializables.

Consejos para el Empaquetado y Presentación de Productos Digitales

Hablaremos sobre cómo brindar consejos para empaquetar y presentar productos digitales de manera atractiva y profesional.

Empaquetar y presentar los productos digitales en Etsy es una parte esencial para tener éxito en esta plataforma. La forma en que presentas tus productos puede ser la diferencia entre que un cliente elija tu producto o el de tus competidores. Para crear una presentación profesional para tus productos digitales, hay varios consejos que debes tener en cuenta.

El primer paso es elegir el formato adecuado para tu producto digital. Asegúrate de que el formato que elijas sea compatible con una variedad de dispositivos y programas de software, lo que facilita la descarga y el uso por parte de tus clientes. A continuación, diseña un paquete de marca único que incluya un logotipo, una banner para tu tienda y vistas previas de los productos. Un paquete de marca cohesivo ayudará a establecer una identidad clara para tu marca y hará que tu tienda luzca más profesional. Tu descripción del producto debe ser detallada e informativa, incluyendo información sobre el producto, sus características y su uso previsto. Proporcionar vistas previas de alta calidad de tus productos, incluyendo imágenes y videos que muestren las características y funcionalidad del producto, también es esencial. Esto ayudará a los clientes a tomar decisiones de compra informadas.

Ofrecer múltiples tamaños y formatos de archivo para adaptarse a las diferentes necesidades y preferencias de los clientes es otra forma excelente de mejorar su experiencia. Además, proporcionar soporte al cliente y estar disponible para responder preguntas y brindar soporte si encuentran algún problema al descargar o utilizar tus productos es crucial. El empaquetado atractivo de tus productos digitales es el paso final para crear una presentación profesional. Considera empaquetar tus productos digitales de manera atractiva y profesional, como en una carpeta con marca o en un archivo zip con instrucciones de uso. Esta atención al detalle demuestra a los clientes que valoras su compra y mejora su experiencia general.

Inteligencia Artificial:

La inteligencia artificial (IA) se puede utilizar para crear descripciones de productos más precisas y detalladas en Etsy, y mejorar la optimización de la búsqueda para aumentar la visibilidad y las ventas. A través del reconocimiento de imágenes, los algoritmos de IA pueden analizar las imágenes del producto para identificar características clave y ayudar a los vendedores a crear descripciones más detalladas. El procesamiento del lenguaje natural se puede utilizar para analizar el texto en las descripciones de los productos y proporcionar sugerencias para optimizar el contenido con palabras clave de alto tráfico. El análisis de los comentarios de los clientes puede ayudar a los vendedores a comprender las preferencias de los clientes y realizar cambios en las ofertas y descripciones de los productos. Por último, las herramientas de optimización de búsqueda pueden proporcionar recomendaciones para mejorar los rankings de búsqueda a través de títulos, descripciones y etiquetas optimizados. Al utilizar herramientas y algoritmos impulsados por IA, los vendedores de Etsy pueden mejorar sus listados de productos y conectarse mejor con posibles compradores para hacer crecer sus negocios.

Por ejemplo, supongamos que eres un vendedor en Etsy que crea arte digital. Tienes una lista de productos para un conjunto de arte digital temático de vacaciones que deseas optimizar para los resultados de búsqueda y las ventas. Utilizas una herramienta impulsada por IA para analizar las imágenes de tu conjunto de arte digital, que identifica las características clave como los colores, el estilo y el tema. En función de este análisis, la herramienta sugiere palabras clave y frases relevantes para incluir en el título y la descripción de tu producto, como "conjunto de arte digital con motivos navideños en estilo acuarela".

A continuación, utilizas el procesamiento del lenguaje natural para analizar el texto de la descripción de tu producto y optimizarlo para la búsqueda. La herramienta identifica palabras clave de alto tráfico que son relevantes para tu conjunto de arte digital, como "arte digital de acuarela", "arte digital de Navidad" y "descarga digital". La herramienta sugiere cambios en tu descripción para incluir estas palabras clave de una manera natural y convincente, como "Descarga al instante este conjunto de 20 diseños de arte digital de vacaciones en acuarela, perfecto para agregar un toque festivo a tus proyectos digitales".

Por último, utilizas una herramienta de análisis de comentarios de clientes para identificar temas y tendencias comunes en las preferencias de los clientes. En función de este análisis, descubres que a los clientes les gusta la versatilidad y la calidad de tu arte digital. Actualizas tu descripción de producto para destacar estas características, con una oración como "Este conjunto de diseños de arte digital se puede utilizar para una variedad de proyectos digitales, desde gráficos en las redes sociales hasta tarjetas de vacaciones. Cada diseño está dibujado a mano con atención al detalle, garantizando la más alta calidad para tus creaciones digitales".

Al utilizar herramientas y algoritmos impulsados por IA, has optimizado tu listado de productos para la búsqueda y mejorado tus posibilidades de conectarte con posibles compradores en Etsy.

Más recursos Digitales

Sitios web que ofrecen recursos gratuitos o de bajo costo para diseño gráfico y medios visuales:

Si estás buscando sitios web que ofrezcan recursos gratuitos o de bajo costo para diseño gráfico y medios visuales, hay varias opciones disponibles. Algunas opciones populares incluyen Unsplash, Pexels, Canva, GraphicBurger, VectorStock, Flaticon, 123RF, Vectorportal, Freepixels y FreeVectors.net. Cada uno de estos sitios web tiene sus propios términos y condiciones para usar sus recursos, así que asegúrate de revisar las pautas cuidadosamente antes de usar cualquiera de los recursos. Además, ten en cuenta que si bien muchos recursos en estos sitios web están disponibles de forma gratuita, algunos pueden requerir una suscripción o licencia paga para uso comercial.

3
Listado y Promoción de Productos

Importancia de Crear Listados de Productos Efectivos

Crear listados de productos efectivos es esencial para el éxito de cualquier tienda de Etsy. Su listado de productos es el primer punto de contacto que los posibles clientes tienen con sus productos digitales, y puede afectar significativamente su decisión de comprar en su tienda.

Aquí hay algunas razones por las cuales crear listados de productos efectivos es crucial:

En primer lugar, un listado de productos bien escrito y detallado puede ayudar a los clientes a comprender el valor de su producto digital. Proporcionar descripciones claras y concisas de las características, beneficios y uso previsto del producto puede ayudar a los clientes a visualizar cómo el producto puede beneficiarlos y tomar una decisión informada para comprarlo. En segundo lugar, los listados de productos efectivos pueden ayudar a que sus productos digitales se destaquen en un mercado abarrotado. Con tantos productos digitales disponibles en Etsy, es esencial crear un listado que capte la atención de los posibles clientes y muestre las características únicas de su producto. En tercer lugar, un listado de productos efectivo puede ayudar a establecer su identidad de marca y construir la confianza del cliente. Al incluir imágenes de productos de alta calidad, descripciones detalladas y reseñas de clientes, puede mostrar su profesionalismo y experiencia en su nicho y crear una sólida reputación de marca. En cuarto lugar, los listados de productos efectivos pueden mejorar la optimización de motores de búsqueda (SEO) de su tienda y ayudar a que sus productos aparezcan más alto en los resultados de búsqueda de Etsy. Al incluir palabras clave, etiquetas y categorías relevantes en su listado, puede aumentar la visibilidad de sus productos digitales y atraer a más clientes a su tienda.

Optimizar Productos Digitales

Cómo optimizar los títulos, descripciones y etiquetas del producto para obtener la máxima visibilidad

La optimización de los títulos, descripciones y etiquetas del producto es fundamental para garantizar la máxima visibilidad de sus productos digitales en Etsy.

Aquí hay algunos consejos para ayudarlo a crear listados de productos efectivos:

Títulos de Producto:

Su título de producto debe ser claro, conciso y descriptivo. Utilice palabras clave relevantes que describan con precisión su producto y sus características. Evite utilizar títulos vagos o genéricos que no proporcionen información específica sobre su producto.

Descripciones de Productos:

Tu descripción del producto debe proporcionar información detallada sobre el producto, incluyendo sus características, usos y beneficios. Usa un lenguaje descriptivo y palabras clave para facilitar que los clientes encuentren tu producto. Incluye cualquier información relevante, como formatos y tamaños de archivo, y proporciona instrucciones claras para descargar y usar el producto.

Consejo Efectivo:

Un consejo para crear descripciones efectivas de productos en Etsy es enfocarse en resaltar los beneficios y características de tu producto en lugar de solo sus atributos físicos. Esto significa ir más allá de simplemente describir cómo se ve el producto y en cambio resaltar lo que lo hace único, cómo se puede usar y por qué es valioso para el cliente. Considera qué problema resuelve tu producto o qué necesidad satisface para tu público objetivo, y enfatiza esos beneficios en la descripción del producto. Al hacer esto, puedes ayudar a los posibles compradores a entender por qué deberían elegir tu producto sobre otros y cómo puede mejorar sus vidas o satisfacer sus necesidades.

Etiquetas:

Las etiquetas son importantes para ayudar a los clientes a encontrar tu producto cuando buscan palabras clave relevantes. Usa una variedad de etiquetas relevantes, incluyendo palabras clave amplias y específicas. Considera el uso de palabras clave de cola larga que sean más específicas para tu producto, ya que pueden ser menos competitivas y más fáciles de clasificar en los resultados de búsqueda.

Consejo Efectivo:

Un consejo para crear etiquetas efectivas en Etsy es usar palabras clave específicas y relevantes que describan con precisión tu producto. Esto significa usar palabras y frases que los posibles compradores puedan usar al buscar productos como el tuyo. Al usar palabras clave específicas, puedes mejorar la visibilidad de tus productos en los resultados de búsqueda de Etsy y atraer más tráfico relevante a tus listados. Además, considera el uso de palabras clave de cola larga que sean más específicas y dirigidas a tu producto, como "aretes de plata hechos a mano" o "collar de inspiración vintage", en lugar de palabras clave genéricas como "joyería". Experimenta con diferentes variaciones de tus etiquetas para ver cuáles generan más tráfico y ventas, y revisa y actualiza regularmente tus etiquetas para asegurarte de que sigan siendo precisas y relevantes.

Optimización para Motores de Búsqueda (SEO)

Optimiza tus listados de productos para los motores de búsqueda al incluir palabras clave relevantes en tus títulos, descripciones y etiquetas. Esto ayudará a que tu producto aparezca más alto en los resultados de búsqueda y aumentará su visibilidad para los posibles clientes.

Pruebas A/B:

Realice pruebas A/B para determinar los títulos, descripciones y etiquetas de productos más efectivos. Experimente con diferentes palabras clave y descripciones para ver cuáles funcionan mejor y haga ajustes en consecuencia.

Ejemplo para Optimizar sus Listados de Productos:

Digamos que eres un vendedor en Etsy que crea invitaciones digitales. Desea optimizar sus listados de productos para la búsqueda y aumentar su visibilidad para atraer a más clientes. Aquí hay algunos pasos que puede seguir para mejorar su SEO:

Para optimizar su listado de productos para SEO en Etsy para productos digitales, puede tomar varios pasos. Primero, investigue palabras clave de alto tráfico que sean relevantes para su producto e inclúyalas en sus títulos, etiquetas y descripciones de productos. Asegúrese de que sus títulos representen con precisión su producto e incluyan sus palabras clave de alto tráfico para mejorar su visibilidad en la búsqueda. Use imágenes previas de alta calidad que representen con precisión su producto y muestren sus características de diseño únicas y opciones de personalización para atraer a más compradores potenciales. Escriba descripciones de productos atractivas que resalten lo que hace que sus productos digitales sean únicos y valiosos para los compradores potenciales, utilizando un lenguaje descriptivo y sus palabras clave de alto tráfico. Finalmente, use etiquetas relevantes que describan con precisión su producto y sus características para mejorar su visibilidad en la búsqueda de Etsy. Siguiendo estos pasos, puede optimizar su listado de productos para SEO en Etsy, aumentar su visibilidad, atraer a más compradores potenciales y aumentar las ventas de sus productos digitales.

ERank es una herramienta de terceros que se puede usar para ayudar a optimizar los listados de productos para la búsqueda en Etsy. Ofrece una variedad de características y herramientas, incluida la investigación de palabras clave, el análisis de la competencia y sugerencias de etiquetas para ayudar a mejorar la visibilidad de sus productos en los resultados de búsqueda de Etsy. ERank también proporciona una variedad de recursos y tutoriales para ayudar a los vendedores de Etsy a mejorar sus listados de productos y hacer crecer sus negocios. Al utilizar ERank, los vendedores de Etsy pueden obtener información valiosa sobre sus competidores, comprender mejor a su público objetivo y optimizar sus listados para aumentar su visibilidad y atraer a más compradores potenciales.

Siguiendo estos consejos y optimizando sus listados de productos, puede aumentar la visibilidad de sus productos digitales en Etsy y mejorar sus posibilidades de realizar ventas.

Crear un listado de productos efectivo:

Digamos que está vendiendo impresiones digitales de ilustraciones florales en Etsy.

Aquí hay un ejemplo de cómo podría optimizar sus títulos, descripciones y etiquetas de productos para obtener la máxima visibilidad:

Título: Impresión floral acuarela, arte de pared botánico, descarga digital

Descripción: Añade un toque de naturaleza a tu decoración del hogar con esta hermosa impresión floral acuarela. Esta descarga digital cuenta con una ilustración pintada a mano de delicadas flores rosadas y follaje verde, perfecta para agregar un toque de color a cualquier habitación. Esta lista incluye archivos de alta resolución en ambos formatos JPEG y PDF, lo que te permite imprimir fácilmente el diseño en casa o en tu tienda local de impresión. Este arte de pared botánico es un gran regalo para un ser querido o una hermosa adición a tu propia colección de arte.

Etiquetas: impresión floral acuarela, arte de pared botánico, descarga digital, flores rosadas, follaje verde, decoración del hogar, decoración de pared, arte imprimible, descarga instantánea, alta resolución, JPEG, PDF, regalo, colección de arte.

Al incluir palabras clave relevantes en tus títulos, descripciones y etiquetas, estás haciendo más fácil para los clientes potenciales encontrar tus productos cuando buscan términos relacionados en Etsy. Solo asegúrate de usar palabras clave de manera natural y orgánica, en lugar de sobrecargarlas de manera innatural o usar términos irrelevantes solo para tratar de ganar visibilidad.

Promocionar tus Productos Digitales

Promocionar tus productos digitales es esencial para dirigir tráfico a tu tienda de Etsy y aumentar las ventas.

Aquí hay algunos consejos para utilizar las redes sociales y otros canales para promocionar tus productos digitales:

Utiliza las Plataformas de Redes Sociales:

Las plataformas de redes sociales como Facebook, Instagram, Pinterest y Twitter pueden ayudarte a llegar a una audiencia más amplia y dirigir tráfico a tu tienda de Etsy. Comparte imágenes de tus productos digitales junto con enlaces a tu tienda de Etsy.

Participa en Comunidades en Línea:

Únete a comunidades en línea y foros relacionados con tu nicho para promocionar tus productos digitales. Sé un participante activo en estas comunidades y comparte tu experiencia.

Colabora con Influyentes:

Ponte en contacto con influyentes en tu nicho y colabora con ellos para promocionar tus productos digitales. Esto puede ayudarte a llegar a una audiencia más amplia y dirigir más tráfico a tu tienda de Etsy.

Ofrecer Muestras Gratis:

Considera ofrecer muestras gratis de tus productos digitales a clientes potenciales. Esto puede animarlos a visitar tu tienda de Etsy y hacer una compra.

Usar Marketing por Correo Electrónico:

Crea una lista de correo electrónico y envía boletines

periódicos a tus suscriptores, promocionando tus productos digitales y brindando actualizaciones sobre tu tienda de Etsy.

Usar Publicidad Pagada:

Considera utilizar publicidad pagada, como anuncios de Facebook o Google, para promocionar tus productos digitales a una audiencia más amplia.

Crear Tutoriales en Video:

Crea tutoriales en video que muestren cómo se pueden usar tus productos digitales. Comparte estos videos en tus redes sociales y en YouTube.

Al utilizar estos consejos, puedes promocionar eficazmente tus productos digitales y atraer tráfico a tu tienda de Etsy, lo que finalmente llevará a un aumento en las ventas y los ingresos.

4
Gestión de Pedidos y Relaciones con los Clientes

Gestionando Pedidos

Las mejores prácticas para administrar pedidos y entregar productos digitales a los clientes

Administrar pedidos y entregar productos digitales a los clientes es un aspecto esencial para administrar una tienda exitosa en Etsy. Siguiendo las mejores prácticas, puedes asegurar que los clientes reciban sus productos de manera oportuna y eficiente, lo que puede generar críticas positivas y negocios repetidos.

Aquí te presentamos algunos consejos para ayudarte a administrar pedidos y entregar productos digitales de manera efectiva:

Una de las mejores características que Etsy proporciona para productos digitales es la entrega automática. Esta función ahorra tiempo y asegura que los clientes reciban sus productos inmediatamente después de la compra. Personaliza la configuración de entrega para asegurarte de que el cliente reciba los archivos correctos en el formato correcto y que se entreguen a la dirección de correo electrónico correcta. Esto evitará cualquier confusión o retraso en la entrega.

Es esencial proporcionar instrucciones claras a los clientes sobre cómo descargar y utilizar los productos digitales.

Esto se puede hacer a través de un documento PDF o un tutorial en video. Las instrucciones deben ser detalladas y fáciles de entender, asegurando que los clientes puedan usar el producto sin problemas. Después de que un cliente haya realizado una compra, enviar un correo electrónico de confirmación puede ayudar a construir una relación positiva con ellos. Este correo electrónico debe agradecer al cliente por su pedido y proporcionar un enlace para descargar el producto. Además, hacer seguimiento a los clientes después de su compra para asegurarse de que recibieron el producto y responder cualquier pregunta que puedan tener es una excelente manera de construir la lealtad del cliente.

Por último, mantener registros de todos los pedidos y transacciones, incluyendo información del cliente y detalles del pedido, es esencial para fines de impuestos y contabilidad. Esto también te ayudará a realizar un seguimiento de los pedidos y preferencias de los clientes, lo que te permitirá adaptar tus productos para satisfacer sus necesidades.

Cómo Manejar las Consultas y Quejas de los Clientes

Cómo manejar las consultas y quejas de los clientes de manera profesional y efectiva:

Manejar las consultas y quejas de los clientes es crucial para el éxito de una tienda en Etsy que vende productos digitales. Los clientes esperan un excelente servicio al cliente, y abordar sus preocupaciones de manera profesional y efectiva puede ayudar a construir una base de clientes leales.

Aquí te presentamos algunos consejos para manejar las consultas y quejas de los clientes:

El primer paso para manejar las consultas y quejas de los clientes es responder de manera oportuna. Abordar rápidamente la preocupación de un cliente demuestra que valoras su negocio y estás comprometido a brindar un excelente servicio al cliente. Una respuesta retrasada puede llevar a la frustración y a perder al cliente.

Cuando respondas a un cliente, es importante escuchar cuidadosamente sus preocupaciones. Tómate el tiempo para entender su problema y abordarlo de manera respetuosa y empática. Mostrar que comprendes su preocupación puede ayudar a reducir la situación y construir confianza. Ofrecer soluciones es otro paso esencial en el manejo de las consultas y quejas de los clientes. Dependiendo de la situación, las posibles soluciones pueden incluir un reembolso, un producto de reemplazo o soporte adicional. Al ofrecer soluciones que aborden las preocupaciones del cliente, puedes convertir una experiencia negativa en una positiva y mantener la lealtad del cliente.

Permanecer tranquilo y profesional es esencial al manejar las consultas y quejas de los clientes. Incluso si un cliente está enojado o frustrado, es importante evitar ponerse a la defensiva o argumentativo. Mantener la calma y la profesionalidad puede ayudar a reducir la situación y abordar las preocupaciones del cliente de manera más efectiva.

La retroalimentación de los clientes puede ser una excelente herramienta para mejorar tus productos y servicios. Toma en serio la retroalimentación del cliente y úsala para identificar áreas de mejora. Al hacerlo, puedes prevenir problemas similares en el futuro y continuar brindando productos de alta calidad y un excelente servicio al cliente.

Tener una política clara y justa de reembolsos es también importante al vender productos digitales en Etsy. Asegúrate de que tu política sea fácil de entender para los clientes y descríbela claramente en tus políticas de tienda. Esto puede ayudar a evitar malentendidos y disputas, y garantizar que los clientes se sientan seguros en sus compras.

Ejemplo Efectivo de Cómo Manejar un Problema/queja:

Como vendedor de Etsy, entiendo que manejar las consultas y quejas de los clientes es una parte importante de brindar un excelente servicio al cliente. Cuando recibí una queja de un cliente sobre un producto digital que compraron en mi tienda, me aseguré de manejar el problema de manera profesional y efectiva.

Primero, respondí a la consulta del cliente lo antes posible, mostrando que valoraba su negocio y estaba comprometido a resolver el problema. Escuché cuidadosamente sus preocupaciones y las abordé de manera respetuosa y empática, lo que ayudó a reducir la situación y establecer un tono positivo para la conversación.

Luego, ofrecí una solución que abordaba las preocupaciones del cliente, como un reembolso o un producto de reemplazo. Mantuve la calma y la profesionalidad durante toda la interacción, evitando ponerme a la defensiva o argumentativo, lo que podría haber empeorado la situación.

Finalmente, tomé en serio los comentarios del cliente y los usé para mejorar mis productos y servicios, asegurando que problemas similares no surgieran en el futuro. Al manejar la queja de manera profesional y efectiva, pude mantener una relación positiva con el cliente y preservar mi reputación como un vendedor confiable de Etsy.

Consejos para Construir Relaciones Sólidas con los Clientes

Proporcionar consejos para construir relaciones sólidas con los clientes y generar negocios repetidos.

Construir relaciones sólidas con los clientes es esencial para cualquier negocio, incluyendo una tienda de Etsy que venda productos digitales. No solo ayuda a generar negocios repetidos, sino que también fomenta una reputación positiva y puede llevar a referencias de boca en boca.

Aquí te presentamos algunos consejos para construir relaciones sólidas con los clientes y generar negocios repetidos:

Proporcionar un servicio al cliente excepcional:

Proporcionar un servicio al cliente excepcional es crucial para construir relaciones sólidas con los clientes. Esto incluye ser receptivo, amable y servicial cuando los clientes tienen preguntas o inquietudes.

Ofrecer Incentivos para Negocios Repetidos:

Ofrecer incentivos para negocios repetidos, como descuentos o regalos, es una excelente manera de animar a los clientes a regresar a tu tienda. Esto también puede ayudar a crear una sensación de lealtad y apreciación.

Enviar Mensajes Personalizados:

Enviar mensajes personalizados a los clientes, como una nota de agradecimiento o un correo electrónico de seguimiento, puede ser de gran ayuda para construir relaciones sólidas con los clientes. Demuestra que valoras su negocio y estás comprometido con su satisfacción.

Proporcionar Productos de Calidad:

Proporcionar productos digitales de calidad que cumplan o superen las expectativas de los clientes es crucial para construir relaciones sólidas con los clientes. Esto incluye asegurarse de que los productos sean fáciles de usar y descargar, y que satisfagan las necesidades del cliente.

Mantener a los Clientes Informados:

Mantener a los clientes informados sobre nuevos productos o actualizaciones de productos existentes puede ayudar a generar negocios repetidos. Esto se puede hacer a través de un boletín informativo o actualizaciones en las redes sociales.

Fomentar la Retroalimentación:

Fomentar la retroalimentación de los clientes es una excelente manera de mostrar que valoras sus opiniones y estás comprometido con mejorar tus productos y servicios.

También puede ayudar a identificar áreas de mejora y prevenir problemas futuros.

Siguiendo estos consejos, los vendedores de Etsy pueden construir relaciones sólidas con los clientes y generar negocios repetidos, lo que conduce al éxito a largo plazo para su tienda.

5
Escalando y Creciendo una Tienda en Etsy

Estrategia para Escalar y Crecer una Tienda de Etsy

Estrategias para escalar y hacer crecer una tienda de Etsy, incluyendo la diversificación de productos, la publicidad y las colaboraciones.

Hacer crecer una tienda de Etsy requiere una planificación cuidadosa y la ejecución de estrategias para aumentar los ingresos y expandir tu alcance. Una de las estrategias más efectivas para escalar una tienda de Etsy es la diversificación de productos. Ofrecer una gama más amplia de productos digitales puede ayudar a atraer una base de clientes más amplia y aumentar las ventas. Puedes lograr esto expandiéndote a nuevas nichos, creando productos complementarios y ofreciendo ofertas de paquetes. Por ejemplo, si vendes impresiones de arte digital, puedes considerar la expansión a pinceles de arte digital, plantillas o fotos de stock para atraer a más clientes.

Otra estrategia efectiva es la publicidad. Promocionar tu tienda de Etsy y productos en las redes sociales y otros canales de publicidad en línea puede ayudar a aumentar tu visibilidad y atraer a clientes potenciales. Considera la posibilidad de ejecutar anuncios dirigidos en Facebook, Instagram y otras plataformas para llegar a clientes potenciales interesados en tus productos. La colaboración con otras tiendas de Etsy o negocios en tu nicho es otra forma de expandir tu alcance. Esto puede incluir la creación de productos conjuntos u ofrecer ofertas de paquetes para atraer clientes de ambas tiendas.

Proporcionar un servicio al cliente de calidad es otra estrategia importante para hacer crecer una tienda de Etsy. Ofrecer un servicio al cliente excepcional construye relaciones sólidas con tus clientes y aumenta las posibilidades de negocios repetidos. Responde de manera rápida a consultas y quejas, y haz todo lo posible para garantizar la satisfacción del cliente. La optimización de SEO para mejorar la visibilidad y atraer más tráfico a tu tienda también es importante. Puedes usar palabras clave relevantes en los títulos de los productos, descripciones y etiquetas para optimizar tu tienda de Etsy y las listas de productos para los motores de búsqueda.

El seguimiento del rendimiento de tu tienda es esencial para identificar áreas de mejora. Utiliza herramientas analíticas para rastrear las ventas, el tráfico y el comportamiento del cliente para tomar decisiones basadas en datos sobre tu negocio. La automatización de sistemas puede ayudar a simplificar las operaciones de tu tienda y reducir la mano de obra manual. El uso de herramientas como Zapier para automatizar tareas como el procesamiento de pedidos y la comunicación con el cliente puede ayudar a ahorrar tiempo y mejorar la eficiencia.

Consejos para Maximizar la Rentabilidad

Consejos para maximizar la rentabilidad y gestionar el crecimiento de manera efectiva.

Administrar una tienda de Etsy es una tarea desafiante pero gratificante. Con las estrategias adecuadas, puedes maximizar la rentabilidad y gestionar el crecimiento de manera efectiva para asegurar el éxito a largo plazo de tu negocio.

Aquí hay algunos consejos para ayudarte a lograr estos objetivos.

En primer lugar, es importante monitorear los gastos para asegurarse de que tu tienda esté operando dentro de sus posibilidades. Esto puede incluir encontrar formas de reducir costos, como encontrar proveedores más económicos, utilizar herramientas gratuitas o de bajo costo y evitar gastos innecesarios. Al mantener un estrecho control sobre los gastos, puedes mantener un margen de beneficio saludable y asignar fondos a iniciativas estratégicas de crecimiento.

Establecer metas realistas y crear un plan para alcanzarlas es otro paso importante para maximizar la rentabilidad y gestionar el crecimiento. Esto puede ayudarte a mantenerte enfocado y evitar sentirte abrumado por las muchas tareas involucradas en la gestión de una tienda de Etsy. Es importante revisar regularmente tus metas y ajustar tu plan según sea necesario en función de las tendencias del mercado y los comentarios de los clientes.

La fijación de precios competitivos para tus productos mientras se permite un margen de beneficio razonable es crucial para maximizar la rentabilidad. Analizar tu estrategia de precios regularmente puede ayudarte a mantenerte competitivo en el mercado y también asegurar que tus productos sean rentables. De manera similar, optimizar tu estrategia de envío mediante la búsqueda de las opciones más económicas y minimizar los costos de embalaje puede ayudar a reducir gastos y mejorar la rentabilidad.

La mejora continua de tus productos en función de los comentarios de los clientes y las tendencias del mercado también es importante para mantenerse relevante y atraer nuevos clientes. Esto puede incluir la expansión a nuevos nichos de productos o la actualización de productos existentes para satisfacer las necesidades cambiantes de los clientes.

Expandirse a nuevos mercados, como vender en múltiples mercados en línea o expandirse a mercados internacionales, también puede ayudar a aumentar tu base de clientes y tus ingresos. Sin embargo, es importante evaluar cuidadosamente los riesgos y costos asociados con la expansión para asegurarse de que sea una estrategia de crecimiento sostenible y rentable.

Finalmente, enfocarse en la retención de clientes ofreciendo un servicio al cliente excepcional e incentivos para compras repetidas puede ayudarte a construir una base de clientes leales y aumentar los ingresos. A medida que tu tienda de Etsy crece, delegar tareas a empleados o subcontratar a freelancers puede ayudar a liberar tu tiempo para enfocarte en iniciativas estratégicas de crecimiento.

Desafíos y Riesgos

Discute los posibles desafíos y riesgos de escalar una tienda de Etsy y brinda consejos para evitar errores comunes.

Escalar una tienda de Etsy puede ser un desafío que requiere una planificación y ejecución cuidadosa. Si bien existen muchos beneficios potenciales para hacer crecer tu negocio, también hay varios riesgos y desafíos a considerar.

Aquí hay algunos desafíos y riesgos potenciales de escalar una tienda de Etsy, así como algunos consejos para evitar errores comunes:

Uno de los mayores riesgos de escalar una tienda de Etsy es excederse. Escalar demasiado rápido puede llevar a una situación en la que asumas más de lo que puedes manejar, lo que puede tener consecuencias negativas para tu negocio. Es importante tener un plan sólido y ser consciente de tus limitaciones. Considera cuidadosamente tus recursos y capacidades, y sé realista sobre lo que puedes lograr.

Otro posible desafío de escalar una tienda de Etsy es mantener la calidad. A medida que tu negocio crece, puede ser difícil mantener el mismo nivel de calidad en tus productos y servicios. Esto puede llevar a la insatisfacción del cliente y dañar tu reputación. Es importante tener medidas de control de calidad y ser vigilante para mantener altos estándares. Monitorea y mejora continuamente tus productos y servicios para asegurarte de que satisfagan las necesidades y expectativas de tus clientes.

Administrar el inventario es otro desafío que puede surgir al escalar una tienda de Etsy. A medida que tu inventario crece, puede volverse más difícil de administrar y rastrear. Es importante tener un sistema de gestión de inventario para garantizar que tengas suficiente stock para satisfacer la demanda sin acumular exceso de inventario y atar el capital. Revisa regularmente tus niveles de inventario y ajusta tus procesos de pedido y producción según sea necesario.

El aumento de la competencia también es un riesgo potencial al escalar una tienda de Etsy. A medida que tu negocio crece, puedes atraer a más competidores que ofrecen productos o servicios similares. Es importante mantenerse por delante de la competencia innovando continuamente y ofreciendo propuestas de valor únicas a tus clientes. Concéntrate en crear una identidad de marca sólida y construir relaciones sólidas con los clientes para diferenciarte de la competencia.

Finalmente, la gestión del flujo de caja es un factor crítico a considerar al escalar una tienda de Etsy. Escalar un negocio puede requerir inversiones significativas en inventario, marketing y otros gastos. Es importante tener un plan sólido de gestión del flujo de caja para asegurarte de que tienes suficiente capital para mantener y hacer crecer tu negocio. Realiza un seguimiento cuidadoso de tus gastos y ingresos y planifica con anticipación cualquier inversión o gasto necesario.

Consejo Efectivo para evitar Errores Comunes:

Un consejo efectivo para evitar estos errores comunes es crear un plan de crecimiento detallado, enfocarse en mantener la calidad, implementar sistemas de gestión de inventario, diferenciar tus productos o servicios y monitorear de cerca tu flujo de efectivo. Siguiendo estos pasos, puedes escalar tu tienda de Etsy con éxito y evitar los posibles riesgos y desafíos que conlleva el crecimiento.

Conclusión

Resuma las Ideas Clave del Libro

El libro trata sobre cómo hacer dinero vendiendo artículos digitales en Etsy. Explica los beneficios de vender productos digitales en Etsy y lo que los lectores pueden esperar aprender en el libro. Se discuten los conceptos básicos para configurar una tienda en Etsy, junto con consejos para crear un perfil de tienda sólido y una identidad de marca. Los lectores aprenderán cómo investigar e identificar posibles nichos para productos digitales, crear productos digitales de alta calidad utilizando software y herramientas comunes, y empaquetar y presentar productos digitales de manera atractiva y profesional. Se discute la importancia de crear listados de productos efectivos y optimizar títulos de productos, descripciones y etiquetas para una visibilidad máxima, junto con consejos para utilizar las redes sociales y otros canales para promocionar productos digitales y aumentar el tráfico a una tienda de Etsy. También se cubren las mejores prácticas para administrar pedidos y entregar productos digitales a los clientes, manejar consultas y quejas de los clientes de manera profesional y efectiva, desarrollar relaciones sólidas con los clientes y generar negocios repetidos. Se discuten en detalle las estrategias para escalar y hacer crecer una tienda de Etsy, maximizar la rentabilidad, gestionar el crecimiento de manera efectiva y evitar problemas comunes.

Inspiración y Motivación

Si estás considerando vender productos digitales en Etsy, es importante recordar que puede ser una experiencia gratificante y enriquecedora. Etsy proporciona una plataforma para que los creativos muestren sus talentos y compartan sus productos únicos con el mundo.

Al vender productos digitales en Etsy, tienes la oportunidad de llegar a una audiencia global y construir un negocio en torno a tus pasiones e intereses. Con dedicación y trabajo duro, puedes convertir tu pasatiempo o trabajo secundario en un negocio exitoso y sostenible.

Recuerda que cada vendedor exitoso de Etsy comenzó en algún lugar. No te desanimes por los contratiempos o desafíos, sino utilízalos como oportunidades para aprender y crecer. Busca consejos y apoyo de otros vendedores de Etsy y aprovecha los recursos y herramientas disponibles para ti.

Lo más importante es mantenerse fiel a ti mismo y a tu visión creativa. Tu perspectiva única y tus talentos son lo que hacen que tus productos digitales se destaquen y atraigan a los clientes. Al mantenerse enfocado y comprometido con tus objetivos, puedes lograr éxito y satisfacción como vendedor de Etsy. ¡Así que toma el salto y comienza tu viaje en Etsy hoy mismo!

Recursos y Recomendaciones Adicionales

Aquí hay algunos recursos adicionales y recomendaciones para seguir aprendiendo y desarrollándose en la venta en Etsy:

Manual del Vendedor de Etsy:

Este es un recurso gratuito proporcionado por Etsy que ofrece una gran cantidad de información y consejos para los vendedores. Cubre temas como la gestión de la tienda, SEO, fotografía de productos y más.

Podcast Éxito de Etsy:

Este podcast presenta entrevistas con vendedores exitosos de Etsy, que comparten sus consejos e ideas sobre cómo construir y hacer crecer una tienda Etsy próspera.

Cursos en Línea:

Hay una variedad de cursos en línea disponibles que se enfocan en la venta en Etsy, cubriendo temas como marketing, desarrollo de productos y gestión de tiendas. Algunas plataformas populares para cursos en línea incluyen Udemy, Skillshare y CreativeLive.

Foros de la Comunidad de Etsy:

Los foros de la comunidad de Etsy brindan un espacio para que los vendedores se conecten entre sí, compartan consejos y experiencias, y hagan preguntas. Es un excelente recurso para establecer contactos y aprender de otros en la comunidad de Etsy.

Blogs y Sitios Web:

Hay muchos blogs y sitios web dedicados a la venta en Etsy, ofreciendo consejos, recomendaciones e inspiración para los vendedores. Algunos de los más populares incluyen Everything Etsy, The Merriweather Council y Creative Hive.

Eventos y Talleres de Etsy:

Etsy organiza una variedad de eventos y talleres, tanto en línea como en persona, que ofrecen oportunidades para que los vendedores se conecten entre sí y aprendan de expertos en el campo.

Al aprovechar estos recursos, los vendedores pueden continuar desarrollando sus habilidades y conocimientos, mantenerse al día sobre las mejores prácticas y tendencias, y finalmente lograr sus objetivos de venta en Etsy.

Palabras Finales

Al llegar al final de este libro, esperamos que se sienta inspirado y motivado para perseguir sus sueños de vender productos digitales en Etsy. Recuerde que con creatividad, trabajo duro y determinación, puede convertir su pasión en un negocio próspero. No tenga miedo de correr riesgos y aprender de sus errores en el camino. Al mantenerse fiel a su perspectiva y talentos únicos, puede crear productos que se destaquen y atraigan a clientes de todo el mundo. Le deseamos lo mejor en su viaje de Etsy y esperamos que encuentre satisfacción y éxito en sus esfuerzos. Recuerde, las posibilidades son infinitas, ¡así que adelante y deje su huella en el mundo con sus productos digitales!

Bibliografía

- Smith, J. (2021). The Ultimate Guide to Selling Digital Products on Etsy. Random House.

- Johnson, S. (2022). Getting started on Etsy. In K. Brown & L. Davis (Eds.), Selling Digital Products: A Guide for Etsy Entrepreneurs (pp. 17-31). Wiley.

- Meyers, M. (2019). Etsy: Launch your handmade empire! Blueprint to opening a storefront on Etsy and growing your business. Independently published.

- Shapiro, K. (2019). Etsy-preneurship: Everything You Need to Know to Turn Your Handmade Hobby into a Thriving Business. Wiley.

- Chaparro, D. (2020). The Etsy Success Bundle: How to Create, Manage and Market a Successful Online Shop. Independently published.

- Smith, A. (2019). Digital Products for Beginners: How to Create and Sell Your Own Digital Products on Etsy for Passive Income. Independently published.

- Kasey, G. (2021). Etsy 101: Sell Your Crafts on Etsy, the DIY Marketplace for Handmade, Vintage and Crafting Supplies. Wiley.

- Haggerty, S. (2020). How to Sell on Etsy: The Beginner's Guide to Etsy Setup, Listing and More. Independently published.

- Davidson, K. (2019). How to Sell on Etsy: A Step-by-Step Guide to Starting and Running a Successful Etsy Shop. CreateSpace Independent Publishing Platform.

- Leveridge, J. (2019). The Etsy Seller's Simple Guide to Taxes: A Time and Money Saving Guide for Makers and Crafters. CreateSpace Independent Publishing Platform.
- Imagen de freepik.com del usuario orchidart
- Imagen de pixabay.com del usuario Joseph Mucira
- Imagen de depositphotos.com

Bibliografía 61